GW01605611

Els jocs de l'escola

Avui és la diada dels esports a l'escola.

La Pepa i tots els seus amics són aquí.

La primera prova és la cursa.

Els nens han de córrer tan de pressa com puguin.

–Preparats, llestos... ARA! –diu la senyora Gasela.

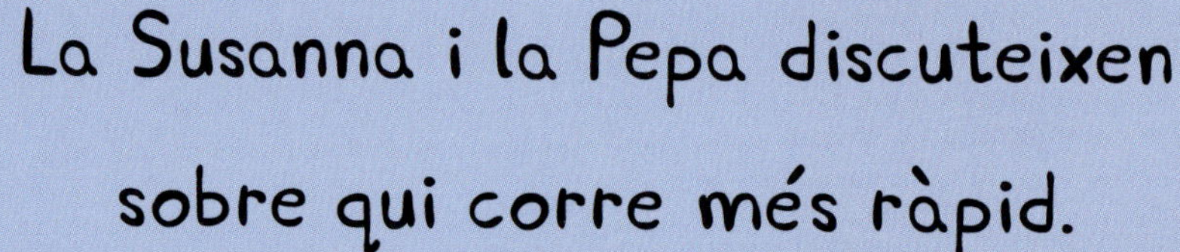

La Susanna i la Pepa discuteixen sobre qui corre més ràpid.

La Rebeca va al davant.

La Pepa i la Susanna van últimes.

La Rebeca ha guanyat la cursa!

-Visca -aplaudeix tothom.

La Pepa i la Susanna han acabat en darrer lloc.

-El que compta no és guanyar -els recorda el pare-, sinó participar.

-La prova següent és el salt de llargada -diu la senyora Gasela.

En Jordi i en Ricard han de córrer

i després saltar tan lluny com puguin.

Qui aconsegueixi saltar més lluny, serà el guanyador.

-Preparats, llestos...ARA!

Oh! En Ricard ha saltat més lluny que en Jordi.

-Fantàstic! -criden tots els seus amics.

En Jordi no està gaire content.

-Recorda-ho, Jordi -diu la Pepa-. El que compta no és guanyar, sinó participar.

La següent prova és la cursa de relleus.
El pare va al davant. Li passa
el testimoni a la Pepa.

-Gràcies, pare. Ho has fet molt bé. Ara em toca a mi... -comença a dir la Pepa.

-Deixa de parlar i corre! -esbufega el pare.

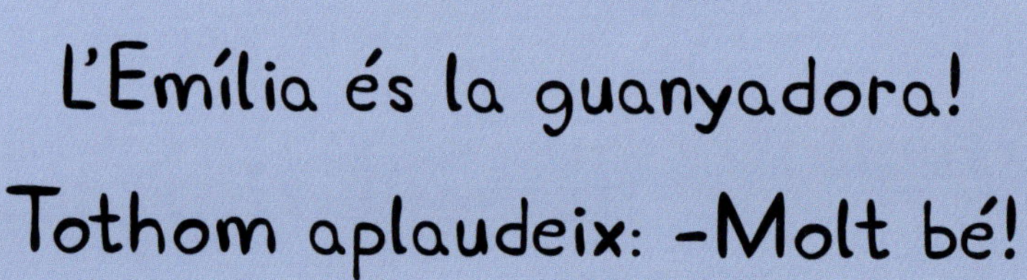
L'Emília és la guanyadora!
Tothom aplaudeix: -Molt bé!

La Pepa arriba última.

Està una mica decebuda.

Ja només queda l'última prova:

el joc de tibar la corda.

Els nens contra les nenes.

-Guanyarem les nenes! -exclama la Pepa.

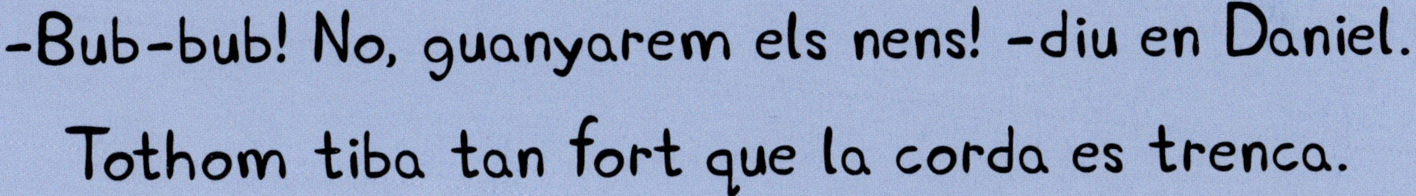

-Bub-bub! No, guanyarem els nens! -diu en Daniel.

Tothom tiba tan fort que la corda es trenca.

-Empat! Tots dos equips heu guanyat!

-diu la senyora Gasela.

Tothom aplaudeix.

VISCA!

-M'encanta la diada dels esports -somriu la Pepa-, sobretot quan guanyo un premi!